Hélène Veyssier

JARDIN D'ÉTÉ

roman

arléa
16, rue de l'Odéon, 75006 Paris
www.arlea.fr

Collection “1er mille”
– Dirigée par Catherine Guillebaud –

EAN 9782363082039

À Pierre Rabany mon mari
et à nos filles, Marie et Juliette

On dit que le deuil, par son travail progressif, efface lentement la douleur : je ne pouvais, je ne puis le croire; car, pour moi, le Temps élimine l'émotion de la perte (je ne pleure pas), c'est tout. Pour le reste, tout est resté immobile.

Roland Barthes, *La Chambre claire*

I

Jean

Je suis sous les groseilliers, je cueille les grappes, légères, brillantes, des bijoux. Les fruits sont rouges et juteux, ils éclatent sous la dent. Comme moi elle a cinq ans, je lui parle, je lui dis de goûter elle aussi, qu'elle n'en a jamais mangé de si bonnes c'est sûr. Parce qu'il n'y a qu'ici, dans ce jardin, qu'elles sont si rouges, si craquantes, si juteuses. Je choisis mes mots, je suis petit, je n'ai pas encore un vocabulaire étendu mais je cherche. Je choisis pour la convaincre, pour qu'elle ait envie, pour qu'elle m'envie. D'avoir un grand père jardinier, des poiriers, des pruniers, un grand et beau jardin et le droit de manger tout ce qui s'y trouve. Je suis fier.

J'étais fier, je me regarde maintenant, moi, Jean Boisset, mes trente ans allongés sur un divan et je sais, ce n'est pas si loin, que le bonheur évoqué à mots choisis pour cette amie imaginaire, ces fruits, ce grand-père ce jardin, cachait. Il faut un jardin pour cacher, il faut de la végétation, des plantes, de la mousse, des groseilliers, oui, du vert profond, pour enfouir au fond. Le chagrin. Là, on le pose. Là, et n'y plus penser. Rien de si extraordinaire une maman qui s'en va vers un amour nouveau. L'amie imaginaire aussi s'en est allée. D'autres enfants c'est sûr ont dû vivre ça, ce double abandon d'une mère et de ce qu'on invente pour y survivre. Allez, je ne suis pas le seul, alors je n'y pense plus, je n'y pense plus ou presque, sauf parfois chaque semaine, par paroles qui s'enchaînent, chaque vendredi, ici. Quelquefois je m'allonge sans quitter mon manteau, j'ai froid je tremble, ma voix aussi. Entre les phrases souvent de longs temps de silence, des hésitations, des reprises. Le tissu du divan sous ma main est rêche, et la souffrance. Je parle.

L'amie imaginaire, c'est une petite fille brune, cette petite rencontrée un soir chez des amis de mes parents et que je n'avais jamais revue parce que c'est ce soir-là justement que le désastre s'était produit. On ne choisit pas à la légère, oui ce serait elle, cette petite brune, sa fille à lui, justement.

C'était en été, l'été 1976. Mon grand-père vivait à Gémenos, un joli village dans le midi, non loin d'Aubagne. Il avait d'abord acheté la maison comme lieu de vacances puis, le moment de sa retraite venu, il s'y était installé, définitivement. Il aimait la Provence, la douceur du climat, son jardin. Cette année-là, comme chaque année, mes parents et moi passions une partie de l'été avec lui. J'avais cinq ans.

Il y avait eu un dîner, une fête dans une autre maison. J'ai dit chez des amis, en réalité, ce n'étaient pas vraiment des amis, disons plutôt des voisins, des Parisiens qui avaient loué pour l'été une villa à Gémenos. Je ne sais rien de ces gens, je les ai peu vus et j'étais très jeune. Je me souviens de Monsieur Steinbuc, j'ai demandé son nom plus tard, comme d'un homme blond, musclé, avec des dents très blanches, je me dis maintenant qu'il était certainement du type

« sportif, riche et toujours bronzé ». De sa femme je ne me souviens pas. Mon père avait rencontré monsieur Steinbuc la semaine précédente sur le court du tennis municipal, le seul court qu'il y eût près du village. En revenant chacun chez soi, bavardant et marchant ensemble sur la petite route, ils avaient découvert la proximité des deux maisons.

Nous étions nombreux à avoir été invités. Une belle propriété où logerait cette nuit-là certains de ceux qui venaient de loin, un vaste jardin, une tonnelle couverte de glycine, des palmiers, un petit bassin des poissons rouges. C'était juillet. Sur la terrasse des bougainvilliers empourpraient tout un pan de mur, le sol dallé était tiède encore du soleil de l'après-midi, j'étais pieds nus. Trente années ont passé, pourtant le souvenir de cette sensation de chaleur sous mes pieds nus m'est resté, le souvenir aussi des bougainvilliers.

Ce soir-là ma mère s'était enfuie avec un homme, le père de la petite, un ami de ceux qui nous avaient reçus.

Ce devait être après 23 heures parce que, depuis longtemps le dîner était terminé, la table desservie. Dans le salon, quelqu'un avait mis de la musique et trois couples dansaient. J'ai dû penser que peut-être mon père et ma mère eux aussi danseraient. J'aurais bien aimé c'est sûr. Ils le faisaient parfois chez nous, à Paris, dans le salon, ils mettaient un disque et ils dansaient. Dans ces moments-là ils avaient l'air très heureux et j'adorais les regarder. Ils riaient, et puis Maman me faisait danser à mon tour. Elle me prenait la main et de son autre main me tenait aux épaules. À l'époque je ne devais lui arriver qu'à peu près à la taille, alors je m'appliquais, élargissant mes pas pour qu'ils s'accordent avec les siens.

Ce soir-là à Gémenos ils ne semblaient pas vouloir danser, ils parlaient avec madame Steinbuc, près des portes-fenêtres ouvertes sur l'extérieur. Il faisait chaud encore. Certains des invités fumaient sur la terrasse, d'autres s'étaient assis, bavardaient. Tout le monde était gai. Nous, les enfants, nous avions joué sur la pelouse. Il y avait un grand chien blanc, nous le caressions, nous courions avec lui dans les allées bordées de buis « Apporte, Hugo, rapporte la balle ! » Nos rires résonnaient dans le soir qui doucement tombait sur le jardin. Quand l'obscurité était venue, nous nous étions réunis sur la terrasse, près des bougainvilliers. Là, après le dîner, longtemps encore nous avions joué. Ce soir-là, nous avions le droit de nous coucher tard. C'est une soirée que je retiens, qui me « sous-vient » pourrait-on dire, malgré moi, qui me retient, m'enchaîne. Maintenant, lorsque je vais dans le midi, la vue des bougainvilliers dans les jardins me fait mal.

Ma mère et cet homme, pour toujours en moi s'étaient parlé, beaucoup regardé, j'avais cinq ans. Pendant le dîner je les voyais de la table des enfants, une petite table où l'on nous avait installés, un peu à l'écart de celle des adultes. Je les voyais, moi, petit garçon, empêché de modifier quoi que ce soit de ce qui allait advenir et que je devinais confusément. Sans les observer tout d'abord. En fait tout d'abord je ne voyais qu'elle, je m'enorgueillissais en silence de la beauté de ma mère ce soir-là. Je l'avais regardée se préparer, mettre sa robe fraîchement repassée, s'oindre les lèvres de rouge avec ce mouvement de la bouche qui me faisait rire, se poudrer, un coup de houppette sur le nez, sur les joues, l'air attentif, puis, pour finir, poser du doigt derrière l'oreille et aux poignets une touche de l'eau qui sent bon. Et maintenant je la regardais encore, je la regardais « ébloui » dit-on, oui, à ne plus rien voir : Madame Boisset, Anne Boisset, partout reconnue pour sa beauté, ma mère ! Que le bonheur. Puis peu à peu mon regard s'était posé sur lui à ses côtés. Je l'avais observé, lui, un inconnu, si proche d'elle à ses côtés et qui la regardait comme je la regardais.

Sans doute savais-je sans bien comprendre, avais-je remarqué que ma mère aimait plaire, aimait sentir fixée sur elle l'attention des hommes. II y avait des rencontres, des rendez-vous, des aventures, c'est sûr, pendant ces longues journées avant que mon père ne rentre. Cela je l'ai compris plus tard, bien plus tard. Il ne s'ensuivait pourtant jamais rien d'important, qu'une gaîté de cette femme très belle, une jeunesse savourée, ou au contraire un agacement, une mauvaise humeur dont j'étais alors la seule victime parce que le seul témoin.

À notre table nous étions six enfants, la petite fille, moi et d'autres enfants de couples invités, plus le petit garçon des voisins à qui quelqu'un avait proposé de venir parce que « le pauvre, disait-on, ses parents sont toujours absents ». Et ce serait ce qu'on dirait des miens plus tard puisque après le départ de ma mère, mon père aussi s'absenterait souvent. Il fuirait les soirées télé, le frigo vide, la chambre désertée, silencieuse. Pour moi il y aurait la nounou, une jeune étudiante anglaise qui viendrait me garder, vérifier mes devoirs, préparer mes repas, me coucher. Elle ferait ce pour quoi elle était là, point final, et le reste du temps, plongée dans un livre, ne se préoccuperait plus de moi.

Sur la terrasse j'étais assis avec les autres enfants, la petite fille brune était là aussi. Derrière nous les bougainvilliers revêtaient le mur d'une sombre opulence. Je jouais. Tout alla très vite donc et personne n'avait rien remarqué. Personne, sauf moi.

Je m'étais immobilisé. Pas bougé, juste un geste amorcé de mon bras vers ma mère, le mot « maman » peut-être aux lèvres, mais pas vraiment prononcé. Celle-ci, sans se retourner, était allée vers une voiture garée dans le chemin. On distinguait à peine la voiture dans la nuit. Je me souviens, de l'intérieur de la maison venaient des bruits de voix, de la musique, des rires. Je vis passer la clarté furtive de sa robe. Ses hauts talons la faisaient trébucher sur les cailloux, se retenir par à-coups au bras de l'homme. Moi, pas bougé, rien dit. Cinq ans. Pétrifié. Oui, pétrifié, j'y suis encore. « Il y est resté » dit-on pour dire de quelqu'un « Il y est mort. »

Quatre jours après ce dîner une lettre était arrivée. Petit rectangle blanc sur la console de l'entrée où la femme de ménage déposait le courrier. *Monsieur Antoine Boisset, La Moutière, route du Jas de la Lebre*. Je ne savais pas encore lire mais j'avais reconnu l'écriture et le bleu de l'encre, un bleu presque violet. Ma mère disait qu'elle reviendrait, qu'elle m'embrassait, qu'on s'occupe bien de moi. On m'a lu ce passage-là. Plusieurs fois on me l'a lu. Je demandais qu'on me le lise encore, on me le relisait puis on repliait la feuille. Elle disait d'autres choses aussi, je l'ai su plus tard, elle parlait de ce qui leur était arrivé, « plus fort qu'eux » écrivait-elle, elle demandait qu'on lui pardonne.

La lettre était oblitérée en Espagne.

Sans doute, mon père avait-il questionné ceux qui nous avaient reçus : « Qui est cet homme ? Où peuvent-ils être maintenant ? » Supplié, oui supplié peut-être. Sans doute longtemps avait-il cherché, attendu, espéré. On m'avait tenu le plus possible à l'écart de son chagrin, pensant ainsi amoindrir le mien. J'avais fait semblant d'ignorer. On m'avait caressé les cheveux, on m'avait parlé de voyage « un voyage, un voyage obligé ».

La fin de l'été approchait, les voisins étaient repartis. Je me souviens des allées et venues des femmes de ménage, des chaises de jardin empilées sur la terrasse, des fenêtres ouvertes sur la pénombre des pièces puis, le lendemain, de la maison aux volets clos. Bientôt de nouveaux locataires s'étaient installés. Je n'ai pas revu la petite fille brune. Vingt ans plus tard, après deux ans de travail analytique, j'ai cessé d'aller chez le Dr. X.

La petite fille s'appelait Louise. Louise, douce et légère, le prénom coule comme l'eau, délicat rond entre les lèvres, se fait souffle et circule. Car bien sûr il avait circulé ce prénom, et le mien aussi : que de paroles autour de cette soirée, de bruit, de chuchotements, d'exclamations !

– Vous vous rendez compte de si jeunes enfants, quelle mère indigne, c'est une honte !

– Et son mari, le pauvre, rendez-vous compte, abattu c'est normal, ne se doutait de rien, rien vu rien compris, tombé de haut, pour sûr qui l'aurait cru !

– Et cet homme, l'autre, c'est à n'y pas croire !

– Aussi, on ne sait pas grand-chose de ces gens qui invitaient.

– Oui, on ne les connaissait pas vraiment, bonjour bonsoir c'est tout : les Steinbuc, ou Steinbrouc, c'est ça ?

On associait à la vilénie ce nom étranger, ce nom d'on ne savait où, « pas catholique pour sûr ».

Ma mère parfois nous a écrit, toujours de pays différents, jamais n'a laissé d'adresse, n'est jamais revenue. Après, et pendant un an, grandir cahin-caha entre ce père absent et les nounous de fortune. Apprendre à lire, à écrire, à compter. Et puis ensuite oui, être là-bas, dans la maison du grand-père, dans le jardin et sous les groseilliers, et toujours inventer Louise, cette petite fille à qui je parlais et qui n'était pas là.

« Je » n'existais plus. Ou à peine.

Laure

Dès qu'elle est apparue j'ai eu peur. Sa beauté n'en est pas la raison, elle est très belle, mais des femmes belles on en croise dans une vie de couple sans pour autant que le bonheur soit menacé. Ce soir-là, les femmes étaient toutes élégantes, fardées, parfumées, il y en avait plusieurs peut-être encore plus belles qu'elle. Non, ce qui m'a fait peur, c'est l'attitude brusquement changée de Gilles. Une sorte de tressaillement d'abord, et puis la façon qu'il a eu ensuite d'éviter cette femme.

– Anne et Antoine, nous avait-on dit en nous les présentant, Anne et Antoine Boisset. Sourire poli, aimable.

J'avais senti le bras de mon mari trembler contre le mien. À peine avait-il regardé la femme, il avait saisi la main de Louise, notre petite fille, et il s'était détourné, bredouillant quelque chose, je ne sais plus quoi, qu'il avait soif je crois. Il m'avait entrainée vers le buffet, j'avais vu à son visage qu'il était bouleversé. Toute la soirée il était resté à mes côtés, me parlant avec dans le regard un air implorant sans aucun rapport avec ce qu'il disait. Il m'adressait deux messages, l'un futile à voix haute et l'autre muet et grave, suppliant. J'ai pensé après : comme s'il me demandait pardon à l'avance. En fait, je crois qu'à ce moment il ne voulait rien encore, il n'envisageait rien, il était sous le coup d'une très grande émotion.

Et puis la peur est venue. Oui je crois qu'il avait peur, il me prenait le bras, me touchait à l'épaule, je crois que ma présence le protégeait, de la résurgence de son histoire avec cette femme, du désir, de la folie. Il m'avait parlé d'elle, une fois, juste après notre mariage, de façon très brève et avec dans le regard une expression qui ne m'avait pas incitée à le questionner. Je n'étais même pas vraiment certaine ce soir-là que ce fût la même, que ce fût cette Anne dont il m'avait parlé. Je me souviens que pour le rassurer, me rassurer aussi, je m'étais moquée de son insistance à me suivre. Je comprends maintenant, il attendait de moi que je le retienne, que je le sauve. De notre petite Louise aussi probablement il attendait cela.

Louise était là, heureuse, si petite, si gaie de ses quatre ans, de cette fête. C'était l'une des premières fêtes auxquelles elle participait. Tout de suite notre chien Hugo avait filé dans le jardin et les enfants présents à la soirée l'entouraient, ravis, jouaient avec lui. Cinq ou six enfants ravis dans le jardin, imaginez. Louise regardait avec la hâte de les rejoindre, mais Gilles la retenait. Il lui demandait de rester près de nous, il la prenait dans ses bras, sur ses genoux, la cajolait. À la fin je lui avais dit : Laisse-la, Gilles, quel père possessif tu fais ! Laisse-la jouer avec les autres enfants, vois comme ils s'amusent ! Elle était allée, les avait rejoints.

Nous étions restés un long moment tous les deux à la regarder de la terrasse, je me souviens, nous fumions en silence, accoudés à la balustrade près de très beaux bougainvilliers. C'était la première fois que je venais dans cette maison. Elle était plus cossue que la plupart des maisons alentour. Comme nous, les Steinbuc avaient l'habitude du confort. Derrière nous, les portes-fenêtres étaient grandes ouvertes sur la salle où nous dînerions. On entendait le brouhaha feutré des voix, de la musique aussi, par intermittence. Je me suis dit que quelqu'un passait des disques, les choisissait, hésitait, les changeait. C'était de la musique de dance. Au milieu de la pièce une longue table était dressée. Une femme, qui devait être la bonne, allait et venait, apportait des bouteilles, des plats. À un moment, elle s'est approchée de nous avec un plateau chargé de verres et nous a proposé à boire. Ensuite je ne sais plus, j'aurais voulu partir, entraîner Gilles, je sentais qu'il l'aurait fallu, pourtant je restais. Nous avons parlé avec des gens qui venaient de Lyon et ne semblaient connaître aucun des invités.

Presque toute la soirée ce fut ainsi. Pas une seule fois Gilles n'avait évoqué son trouble, il semblait d'ailleurs maintenant presque rasséréné. Et puis c'est arrivé. À un moment il s'est éloigné, il était tard déjà, nous avions fini de dîner, nous avions tous un peu bu peut-être. J'ai regardé sans rien dire, il n'y avait rien à dire, ce moment devait arriver, je l'avais compris à cause de cette angoisse en moi depuis l'apparition de cette femme, peut-être aussi depuis toujours. Rien ne pouvait empêcher que ce moment arrivât, je l'attendais presque. Une dernière fois Gilles m'a regardée puis il est allé vers la table où elle était assise, sans la quitter des yeux il s'est assis à ses côtés.

C'est un peu plus tard qu'ils ont disparu. Deux mois entiers il a disparu. Le monde s'est effondré, tout était absence. À perte de vue détresse, impuissance, désespoir. À Louise : Ma chérie, Papa est en voyage, pour son travail. À mes parents : Laissez-moi ! Mes parents téléphonaient, venaient, frappaient à ma porte. Je savais ce qu'ils pensaient, ce qu'ils avaient toujours pensé, ce qu'ils allaient dire : Gilles n'était pas bien pour moi, pas de notre monde, aucun sens moral, mal éduqué. En plus d'être d'un milieu différent du nôtre, il était sans emploi fixe, velléitaire, fragile, et, on le savait, il y avait quelques années il avait trempé dans des histoires louches : tout le contraire de ce qu'ils appelaient « un homme bien ». Le « ma chérie nous t'avions prévenue » m'encolérait à l'avance. Sans les voir je savais leurs visages, attristés c'est vrai parce qu'ils m'aimaient, mais triomphants aussi, presque soulagés : encore une fois ils avaient eu raison, ils m'avaient mise en garde, et moi, bien sûr, je n'avais pas écouté. Heureux devaient-ils penser, que je le sache enfin qu'ils avaient raison, que je le reconnaisse, que je l'admette, parce qu'ils avaient toujours raison n'est-ce pas ! Heureux, même si, tant pis ça t'apprendra, ça t'apprendra ma petite, tant pis pour la souffrance et la honte mêlées, tant pis pour le désarroi pour les pleurs, tu es si jeune, tu referas ta vie, tu n'avais qu'à nous écouter ! Et puis à la fin, comme s'ils avaient à me pardonner, les bras ouverts, magnanimes et la voix émue : tu sais nous sommes là, viens, sur nous tu peux toujours compter.

Je pleurais derrière la porte sans leur ouvrir, je les aimais et pourtant nous ne pouvions pas nous entendre.

C'était vrai que de la honte il y en avait eu, pensez, devant tous humiliées, moi et ma petite qui ne comprenait pas, qui demandait « Où est papa ? » Abandonnées les deux, comme pauvres choses. Et les regards apitoyés, ou pire, gênés, qui se détournent, les chuchotements, les murmures, Cet homme ! C'est à n'y pas croire ! et, Qui aurait pensé ! et, parlant de moi, Pauvre femme ! et, Voyez, l'argent ne fait pas le bonheur ! Oui, surtout ça : L'argent ne fait pas le bonheur, comme si c'était rassurant pour eux de le constater. On me prend aux épaules, on veut me réconforter, me soutenir, me consoler, c'est à vomir. Et ce soir-là son mari à elle, qui la cherche sans comprendre encore, qui ne veut pas se résoudre à comprendre, qui erre dans les salons puis dans le parc en l'appelant, hébété. Son nom répété, sur tous les tons, tous les volumes, du cri au murmure implorant, au sanglot. « Anne », son nom haï répété tant que je l'entends encore.

Et puis quand il comprend enfin, Monsieur Boisset, ramassé sur lui-même, à demi plié, courbé, adossé à un mur, là sur la terrasse et, dans la presque obscurité, il pleure comme un enfant.

Je ne sais s'il a espéré, s'il l'a attendue. Nous n'avons pas parlé lui et moi, pas un mot, nous ne nous sommes jamais revus. Je ne sais si un jour il l'a retrouvée. Moi j'ai attendu Gilles.

Deux mois entiers et puis un soir… Sans doute était-il venu prendre sa voiture dans le garage le matin même, son jouet, son bonheur. Je n'avais rien entendu, je devais dormir et le moteur est silencieux. Avant ce triste soir, tous les jours il la prenait. Il m'emmenait, souvent. Nous roulions dans la campagne, parfois ne rentrions que le soir, à la nuit tombée. Il aimait conduire, il aimait la vitesse. C'était un cabriolet, décapotable, alors parfois, des lunettes pour se protéger, le vent dans les cheveux, il allait à toute allure, comme dans la vie, fou. Au bruit des freins sur le gravier de l'allée j'ai su que c'était lui, qu'il me revenait.

Qui pourra comprendre ? Qui pourra jamais parler de Gilles ? Qui pourra dire, si ce n'est moi, l'immensité de sa tendresse, sa subtilité, sa fantaisie, sa désinvolture, sa violence parfois mais tout autant contre lui-même, sa fragilité.

La vie a repris. Après ce matin où il est revenu, nous n'avons jamais évoqué lui et moi ce que j'ai nommé pour moi-même son escapade. « Es-ca-pa-de ». Quatre syllabes pour que cela soit figé, enclos, enfoncé dans ces lettres, réduit à ce seul mot, à tout jamais neutralisé : inoffensif.

Eux aussi, les Boisset, avaient un enfant, un petit garçon, tout jeune, cinq ans je crois. Je l'avais aperçu parmi les autres enfants.

Antonia

Encore la vitre extérieure et ce sera propre. Il fait vraiment chaud ici… Quatre ans que je travaille chez Madame Steinbuc maintenant, et chaque année nous venons dès juillet. Nous restons tout l'été. Remarquez, moi, malgré la chaleur, ça me plaît bien qu'ils m'emmènent, ça me change. J'aime le pays, la région est belle, ça me fait des vacances. Enfin pas vraiment des vacances parce qu'il y a du travail. Beaucoup. Surtout lorsqu'ils font des fêtes comme hier. Tout nettoyer. C'est plus grand que l'appartement parisien, immense même. Huit pièces et puis la terrasse. Depuis plusieurs années, toujours la même maison. Ils la louent certainement très cher. Moi ça m'est égal, je ne suis pas celle qui paie. Mais quand même, la maison serait moins grande que je ne m'en plaindrais pas. Il faut toujours que tout soit parfait, Madame Steinbuc est très pointilleuse sur la propreté. Ce n'est pas comme Madame Ronan, mon ancienne patronne, elle, elle était cool comme disent les jeunes, elle ne posait pas le doigt sur les meubles pour voir s'il restait de la poussière…

Quelle histoire ! Qui aurait pu imaginer ce qui s'est passé hier… ? J'en suis bouleversée, ma petite Anne, quelle folie !

Gilles Fartier est arrivé la veille de la fête, il est très ami avec les Steinbuc. À Paris c'est un habitué de la maison maintenant, (je dis maintenant et je ne sais plus ce qu'est le présent, si c'est présent ou si c'est fini, tout est si chamboulé !) Ils devaient rester deux ou trois jours, lui, sa femme et leur petite. Ils sont bizarres tous les deux, ils sont très « comme il faut », très sérieux, très polis c'est sûr, mais trop formels pour leur âge ! Ils doivent avoir quoi… Vingt-sept ans, pas plus… trente peut-être. Elle, c'est la fille d'un riche industriel. On peut dire qu'il a fait un beau mariage le Gilles et vite fait bien fait ! Je n'ai pas de sympathie pour lui mais je dois reconnaître que le couple semblait bien s'entendre. Peut-être pas très amoureux je trouvais, pas très tendres, vous savez, jamais un geste ni un bisou, mais bien s'entendre. Ils jouaient comme des enfants avec leur petite fille et leur chien. Un grand chien blanc, superbe. Famille modèle… enfants de « bonne famille » quoi ! Leur petite Louise a quatre ans je crois.

Oui, un beau mariage, et il a bien changé Gilles, c'est sûr, dans son style, dans son allure, il s'est aligné sur ses beaux-parents. Je l'avais connu il y a quelques années, mais pas dans cette famille-là, dans la précédente justement. Il y a de ces coïncidences !

Parce qu'en fait, c'était le petit ami d'Anne, la belle Anne, la fille des Ronan chez qui je travaillais à l'époque. J'avais gardé Anne enfant, et, quand elle n'avait plus eu besoin de nounou, j'avais continué à aller chez eux, pour le ménage. Anne avait grandi, était devenue jeune fille. Je me rappelle la première fois où elle avait ramené ce garçon à la maison. Il ne m'a jamais plu ce Gilles, dès le début je lui ai trouvé l'œil dur, l'air arrogant, un petit voyou. Je dis « voyou » parce que c'est vrai, et ça ne m'a pas étonnée toutes ces histoires à son propos, la police, les bijoux volés retrouvés chez lui. Des histoires qui ont fait souffrir Anne parce qu'à un moment ils ont cru qu'elle était impliquée. Il y a eu les interrogatoires, la perquisition chez les Ronan, l'humiliation, et puis la rupture et les pleurs d'Anne. Inconsolable. Elle était très amoureuse, vraiment.

C'était des patrons sympa les Ronan. J'y suis restée longtemps. Et puis, ils ont déménagé pour Bordeaux. Je pense qu'après ce qui était arrivé, ils avaient envie de changer d'air, de vivre ailleurs. Pour eux et pour la petite aussi qui pleurait tout le temps, pauvre mignonne... Monsieur Ronan était greffier, il pouvait facilement se faire muter. Quant à madame Ronan, elle ne travaillait plus depuis un an ou deux, alors c'était facile. Bordeaux, c'est une belle ville.

Ils m'avaient dit : « Vous viendrez nous voir à Bordeaux », et puis, vous savez comment c'est, la vie, je n'ai plus eu de nouvelles. Mais c'est vrai que parfois j'y ai pensé. Aller les voir et revoir Anne. Je l'aimais beaucoup. Je pensais à elle. Je pensais à ce grand désir de vivre qu'elle avait, à ses dix-sept ans, à ses bêtises, à sa candeur aussi. C'est sûr c'était l'époque des folies pour les jeunes, juste après 68, la révolution, l'amour libre, les communautés à la campagne. Souvent ils étaient excessifs, ils passaient des nuits à discuter, ils voulaient tout changer, tout transformer. Ils fumaient, « des joints » comme elle disait, et puis « Ne répète pas à maman ». Mais quand elle était à la maison, elle restait très gentille, toujours vive c'est sûr, la réplique facile et des idées bien arrêtées, ça, ça n'avait pas changé, ça s'était même fortifié, mais respectueuse avec ses parents, avec moi aussi. Et puis au fond, ça me faisait rêver tout ça, je les comprenais, moi qui n'avais rien pu voir du monde, rien expérimenter, que l'usine L'Oréal, et que je te mets des flacons en boîte, et que je te classe les produits, avec la surveillante dans le dos, toujours…

Pour ça, très vite j'ai préféré faire des ménages ou garder des enfants. Anne, tout d'abord je l'ai gardée, elle avait huit ans. C'est pour elle que sa mère a commencé à m'employer. À l'époque Madame Ronan travaillait à la mairie. Chaque jour j'allais chercher Anne à l'école. J'aimais bien la sortie de l'école, toutes ces mamans qui attendent, ou ces nounous, et puis la porte qui s'ouvre et soudain la volée de rires, de cris : des moineaux. Je devais veiller à ce qu'Anne goûte et fasse ses devoirs. Faire ses devoirs, ça elle les faisait, vite et très bien, mais manger, elle n'avait jamais d'appétit, alors j'inventais des recettes de gâteaux que nous préparions ensemble. Ça m'amusait cette enfant, moi je n'en avais pas eu. Un mariage très jeune et malheureux. Après rien. Je pense que je n'avais plus envie, ni du corps d'un homme, ni de laver ses chemises. Bref, je m'étais attachée à Anne.

Jamais je n'aurais pensé qu'un jour je retrouverais Gilles, boulevard Malesherbes, dans le salon de mes nouveaux employeurs... Pourtant, il y a trois ans, en entrant, je le vois, assis dans un fauteuil, en train de boire un verre avec monsieur Steinbuc. Un Gilles marié, transformé, et père d'une petite fille. Transformé, oui, cheveux bien courts, sourire aux lèvres et pantalon propre, mais pas plus sympathique, ça non. « Antonia, me dit Monsieur, apportez-nous quelques amandes grillées. » Le regard de Gilles a glissé sur moi, il ne m'a pas reconnue, ou fait semblant. Moi, je m'en fiche, je ne suis que la bonne, je ne fais que passer.

Et puis voilà que cette année, il y a quelques jours, incroyable : ici à Gémenos, je tombe sur Anne, au marché. Elle était aussi surprise que moi, émues toutes les deux, ça faisait six ans il faut dire, et la dernière fois c'était à Paris ! Nous nous sommes embrassées. Elle riait, joyeuse, peut-être encore plus belle qu'avant. Tout de suite elle a appelé un grand type qui était devant l'étal de fruits à choisir des melons, et elle m'a dit : « je te présente Antoine, mon mari, Antoine Boisset. » Ça m'a fait plaisir qu'elle ait gardé le tutoiement. C'est ce qui m'a fait plaisir en premier, et puis bien sûr ça m'a fait plaisir aussi qu'elle soit mariée. Cet Antoine, il semble plus vieux qu'elle mais il est bel homme et il a l'air gentil. Il se trouve que son père, le beau-père d'Anne donc, habite à Gémenos, une jolie maison à trois pas de celle que louent mes patrons. Anne et son mari venaient d'arriver et comptaient passer un mois chez lui.

Elle m'a prise par le bras :

– Tu viendras déjeuner à la maison, il faut que tu voies Jean, mon fils.

Elle a dit « mon », ça m'a étonnée. Et puis soudain j'ai pensé à Gilles, qu'il était là, chez les voisins, pour une fête, invité.

Je n'ai pas parlé de Gilles.

Peut-être que j'aurais dû… Peut-être que si j'en avais parlé rien ne serait arrivé.

Françoise

Antoine Boisset est mon premier amour. Mes parents tenaient la boulangerie de Gémenos. J'avais quinze ans. Chaque année, dès juillet, Maman préparait quantité de croquants, amandines et gâteaux aux pignons, c'était l'arrivée des estivants. Nous les regardions s'éparpiller dans le village, puis traîner sur la place, au marché, aux fontaines. Ils étaient un peu pâles mais si beaux ! Parmi eux Antoine, mon bonheur.

Cette phrase qu'il m'avait dite, un après-midi sur l'herbe à Annecy, plus tard je l'avais cherchée et cherchée encore, vaillamment, parcourant le texte en diagonale, de mon doigt tendu fouillant les lignes serrées des pages, et de page en page tout le livre entier. D'abord ça avait été les chapitres où il croyait se souvenir que la phrase figurait, puis l'espoir de trouver s'usant peu à peu aux heures, j'avais repris courage, parce que si je ne trouvais pas là je trouverais ailleurs, dans d'autres chapitres, dans d'autres passages. J'avais continué. Le livre était épais et n'avait rien livré. À Annecy, cet après-midi-là où il m'avait dit la phrase, il faisait un soleil splendide. Nous nous étions allongés sur l'herbe devant le lac, de grandes étendues d'herbe où les promeneurs se reposaient, par grappes ou solitaires, à distance. Nous étions tout près l'un de l'autre. Je me souviens, je craignais qu'il ne me trouve laide avec ce ciel en pleine figure et cette angoisse que j'avais parce qu'il m'aimait et que l'amour ça peut se perdre.

Je cherchais cette phrase, je la voulais, de toutes mes forces je la voulais. Retrouver la phrase qu'il m'avait citée pour me dire son amour, je crois qu'à ce moment ça aurait été pour moi comme un gage de bonheur. Je ne l'ai pas retrouvée. Un été, il s'est marié, avec une jeune femme de Bordeaux, j'ai pensé à cette phrase perdue.

Ils ont eu un petit garçon. Pendant quelques années, aux vacances, il est venu chez son père, comme avant. Chaque fois il était avec elle et leur enfant. Elle était belle, jeune, insolente. Je restais dans l'ombre, je les regardais de loin, je souffrais.

Et puis un jour, il est revenu seul avec l'enfant. L'été a passé, fin septembre il était encore là. Il s'est installé au village. Alors j'ai espéré. Un espoir fou : j'allais le retrouver, toutes ces années passées dans le souvenir de lui sans qu'aucune joie ne me vienne aux bras des autres hommes, toutes ces années désertes allaient se justifier comme épreuve nécessaire à ce bonheur tardif.

Bien sûr j'avais appris ce qui s'était passé. En moi une joie sauvage : elle était partie, cette folle, elle avait fait ce qu'il fallait pour choquer une fois encore : du scandaleux, du théâtral, du grandiose ! Elle qui se promenait dans des tenues ahurissantes, fardée en plein soleil et les seins presque nus, ou parfois au contraire habillée comme un homme et sans la moindre coquetterie, elle qui dansait les soirs du 14 juillet, qui dansait à n'en plus pouvoir, balançant la tête de haut en bas et d'un côté à l'autre, pour s'étourdir peut-être ou faire voler sa chevelure, qui provoquait et qui riait lorsqu'on la montrait du doigt, cette fois elle devait se réjouir, oui, on parlait d'elle ! J'aurais si fort voulu qu'il m'aime à nouveau Antoine. Qu'il se souvienne comme nous étions jeunes et beaux et amoureux nous deux, à Annecy.

Ils se promenaient dans le village se tenant par la main, ils s'arrêtaient à la fontaine, de son doigt, il lui mouillait le front, lui touchait les cheveux. Il disait, c'est ma femme, ma folie, c'est mon amour, il était fier. Il riait de ce qu'elle choquait, il aimait qu'elle provoque, qu'elle bouscule l'ordre établi de ce village tranquille, ça l'amusait. Comme si rien ne pouvait être répréhensible ou grave de ce qu'elle faisait, comme si sa beauté d'emblée innocentait ses gestes. Ainsi était-elle, audacieuse, provocante, et allait-elle de préférence vers ceux que les autres évitaient. Au risque même parfois de se mettre en danger. Par exemple Edouard, le demi-fou du village, le presque idiot, très sale et qui buvait, elle lui parlait, elle lui offrait des verres au café sur la place. Et même, un soir de bal elle l'avait invité, ils avaient dansé.

Les gens entre eux la critiquaient mais devant Antoine jamais ne parlaient d'elle, ils n'osaient pas. Antoine impressionnait, ce n'était plus le jeune qui venait chaque été, c'était monsieur Boisset maintenant, il était professeur, un intellectuel, il écrivait dans des revues, et même il avait publié des livres qu'on pouvait trouver chez les libraires, tout près, à Aubagne, ou dans d'autres villes, ailleurs. Ici il n'y a pas de libraire, juste le marchand de journaux qui fait aussi tabac. Ses livres, je les ai tous.

À mes seize ans, n'est-ce pas l'âge ? nous avions fait l'amour. Lui avait vingt ans. Pour moi c'était la première fois. Je me souviens, j'avais peur. Annecy, la phrase, et nous sur l'herbe à nous parler, à nous regarder, ce fut trois ans après. Quelques jours hors du temps.

Il était le jeune Parisien, celui qui fait rêver. Toutes les filles le convoitaient, et c'était moi qu'il avait choisie. Au début je n'y croyais pas, je m'en étonnais, j'étais jolie mais pas plus qu'une autre, après, sans plus réfléchir je vivais le bonheur. Chaque été nous nous retrouvions, de juillet à septembre, lui et moi, inséparables. Toute l'année scolaire je l'attendais. Après mon baccalauréat j'ai arrêté mes études, lui il est allé à l'université. Il m'écrivait, il me parlait des cours, du quartier latin, de la Sorbonne, j'essayais d'imaginer. De moins en moins souvent il m'écrivait, Antoine.

Puis le temps a passé, est advenu tout ce qu'on sait, son mariage et cinq ans plus tard la fuite d'Anne. À la mort de son père, lui seul avec l'enfant, quand il m'a demandé de prendre le petit Jean tous les soirs à l'école et de m'en occuper, tout d'abord je n'ai pas su si j'avais envie de cela. J'ai cédé sans savoir, seulement parce qu'il me regardait et que sous son regard je n'étais qu'acquiescement. Mais dès le lendemain j'ai compris ce qui m'était donné : être proche d'eux, aller dans la maison d'Antoine, là où vivait Antoine, là où il dormait, se levait, respirait. Voir Antoine, avoir cette certitude de le voir chaque jour. Et qu'il me voie aussi. À nouveau. Et peut-être qu'un jour, si l'enfant m'acceptait…

En fait, tout au contraire de ce que j'avais imaginé, je me suis prise à aimer l'enfant, pour lui seul, sans penser à rien d'autre, sans projet ni but d'aucune sorte, je l'ai aimé pour lui. Jean était un enfant un peu triste souvent, solitaire, attachant. Je le regardais, quelque chose dans son visage rappelait le visage de sa mère, les pommettes hautes mais les yeux surtout, et le sourire. D'abord c'est cette ressemblance qui m'avait gênée, je l'avais crainte, j'avais craint qu'elle ne m'interdise toute tendresse. Puis quand j'ai commencé à aimer l'enfant, j'ai aimé son visage, et ça a été comme si presque j'aimais la mère absente aussi. Peut-être simplement parce qu'elle avait fait cet enfant-là.

Anne avait-elle connaissance de ma relation passée avec son mari ? Avant qu'elle ne s'enfuie, du temps où elle venait l'été, nous nous croisions bien sûr, le village n'est pas grand. Un mot, un geste, elle se comportait avec moi comme avec tous, souvent distante, parfois au contraire rieuse ou insolente, insaisissable, au fond je crois, indifférente. Pourtant, je me souviens d'une fois où elle m'a regardée, vraiment, et où quelque chose s'est dit, même si je n'en comprends pas bien le sens. Anne était attablée au café sur la place, c'était un matin, je passais. Tout à coup un chien est arrivé et a dérobé le croissant posé devant elle. Elle s'est levée et elle l'a poursuivi. Elle ramassait des pierres, les lui lançait. C'était violent, cruel, une pierre avait atteint l'animal à l'oreille et il saignait. Il était loin déjà, pourtant elle continuait, je m'étais interposée. C'est alors qu'elle m'avait regardée, pour la première fois et comme avec curiosité, puis, lâchant la pierre qu'elle tenait dans ses mains, elle m'avait lancé : « Ce chien, c'est moi tout aussi bien ! » Je n'avais rien trouvé à dire, je cherchais, désemparée, un mot, une phrase, j'ai pensé qu'au fond je ne savais rien d'elle.

II

Jean

Louise avait un grain de beauté à quelques millimètres de la commissure des lèvres, à droite de la bouche, ou à gauche je ne savais plus. C'est pourtant ce qui me fera la reconnaître, dix-huit années plus tard à Paris, à un vernissage. J'étais alors étudiant en médecine, à Bichat, j'avais peu de moments libres mais de nombreux amis.

– Passe, m'avait dit Denis en me tendant un carton, mon frère expose ses toiles, samedi, dans le Ve. Ça lui fera plaisir que tu viennes et puis tu verras c'est pas mal. Moi j'y serai vers quinze heures.

J'étais arrivé en avance. Après cinq minutes devant la galerie j'ai décidé d'attendre à l'intérieur, je suis entré. Ce jour-là je ne verrai ni Denis ni les tableaux.

Elle est seule, debout près d'une fenêtre. Elle regarde au dehors vers ce qui doit être une cour ou un jardin à l'arrière de l'immeuble. À travers la vitre on aperçoit des arbres et un bout de ciel. Tout d'abord, d'elle il n'y a qu'une silhouette mince qui semble jeune, cheveux bruns, jeans et veste claire, une jeune femme, c'est tout. Et puis, est-ce le bruit de la porte que je ferme derrière moi, elle se retourne et là, je vois son visage : près des lèvres, le grain de beauté. Son regard se pose sur moi, vacille très vite ailleurs, sans vraiment m'en rendre compte je prends note que ses yeux sont bruns, comme ses cheveux. À ce moment un homme entre et la rejoint, il lui parle à voix basse, il l'entraîne dans la deuxième salle où sont exposées les toiles, elle disparaît. Tout s'est passé en un instant. Tout s'est passé en un instant, je n'ai eu le temps de rien, même pas de comprendre que c'était peut-être elle, que c'est elle, oui, sûrement, je me suis dit cela après, une jeune femme brune d'un âge qui pourrait être l'âge de la petite fille brune maintenant, c'est-à-dire à peu près le mien.

Dans cette salle précédant celle de l'exposition, des bouteilles, des verres et quelques friandises étaient disposés sur une table à tréteaux recouverte de blanc. La salle elle-même était très nue, très blanche, ici aucun tableau. Le soleil entrait par la fenêtre près de laquelle se trouvait la jeune femme quelques instants plus tôt. Soleil éblouissant : j'ai détourné les yeux. Des détails souvent s'inscrivent en place de l'événement, le représentent, ancrent à jamais le souvenir : le mur vers lequel j'ai regardé était éclaboussé de taches lumineuses qui zigzaguaient, « dans cette cour il y a des arbres, il fait beau, au gré du soleil à travers les feuilles, des flaques lumineuses zèbrent le mur » : j'ai constaté, ou plutôt enregistré cela, sans y penser, sans rien penser, mais je me souviendrai plus de ces taches de lumière sur un mur que de son visage, plus que de ce grain de beauté qui ce jour-là pourtant me la rendait.

Je suis resté là quelques instants, immobile dans cette pièce qu'elle venait de quitter. Que se passa-t-il alors en moi ? Quelle frayeur, quel affolement ? Parfois quand l'événement tant fantasmé arrive, il accable, il effraie, il fait fuir. Cela se produisit. Plutôt que de suivre cette jeune femme pour m'assurer que c'était Louise, aller vers elle, lui parler, ignorer l'alentour et cet homme qui l'accompagnait, en un mot faire ce qu'il aurait été normal que je fis, à ce moment précis j'ai tourné les talons et je suis sorti. On peut dire, précipitamment. Je tourne les talons et je sors : parce que trop, trop fort, trop soudain, trop imprévu sans doute, parce que moi, Jean Boisset, un peu fou. Je fuis. Déserté de toute pensée je traverse à grands pas la rue des Patriarches où se trouve la galerie. Je tourne vers la rue Mouffetard, je me presse, sans courir mais de plus en plus vite, comme si j'étais suivi par quelque importun. Dans cette rue il y a des cafés, des clients aux terrasses, des promeneurs, des touristes, du monde toujours, il y a aussi un grand marché. À l'angle de la rue, je heurte un étal et deux oranges roulent dans le caniveau, je ne ralentis pas, je ne ramasse pas, j'entends quelqu'un m'apostropher mais je ne me retourne pas. Plus loin, je manque de bousculer une femme qui porte un tout jeune enfant, elle s'écarte vivement. Je pense : « Il faut faire attention aux très jeunes enfants », moi, si poli d'habitude je ne dis rien à la jeune femme, pas un mot d'excuse, je n'ai plus en tête que « les très jeunes enfants ». Cinq syllabes martelées, aucune association consciente à ma propre enfance et cependant plus rien en tête que ces mots-là, qui se répètent en moi au rythme des battements du cœur, et cette nécessité de fuir je ne sais pas pourquoi.

Je ne sais pas. Je remonte la rue de l'Arbalète. Ce n'est que lorsque j'atteins un peu essoufflé la rue Claude Bernard que l'image de cette jeune femme à la fenêtre me saisit, s'impose à moi, m'empoigne. Je me dis que peut-être c'était elle, que oui, c'est sûr, c'est elle, qu'il faut y retourner, lui parler, qu'elle est là tout près, si près c'est un miracle merci mon Dieu. Je ne crois pas en Dieu, je voudrais croire pour remercier le ciel, elle est là je l'ai retrouvée ! Je rebrousse chemin, je cours cette fois, à grandes enjambées conscientes, j'arrive hors d'haleine. Elle n'est plus là.

Donnée et reprise tout à la fois, d'un coup qui broie. Je suis broyé.

Le lendemain je retourne à la galerie, je demande s'il y a une liste des invités qui se trouvaient là la veille. On me dit que oui peut-être, qu'on ne sait pas, qu'il y avait beaucoup de monde, qu'il faut demander au peintre, qu'il n'est pas là, que lui seul peut dire…

J'appelle Denis qui appelle son frère qui n'a plus la liste, qui n'a d'ailleurs pas vraiment eu de liste, qui a donné des cartons au fil des amis au fil des rencontres, par petits paquets en disant de les distribuer, qui ne connait aucune fille prénommée Louise, qui me dit qu'il est désolé.

Je suis désolé.

Il y aura une deuxième rencontre. Beaucoup plus tard. J'ai trente-neuf ans, je suis médecin généraliste. La plupart de mes amis sont maintenant en couple. Moi je n'ai pas encore de relation amoureuse stable, depuis peu, une nouvelle amie, Claire, enseignante, divorcée, mère de deux filles de cinq et sept ans. Si on nous pose la question « Vous vivez ensemble ? » « Non, pas encore ! », dit-elle en riant, et on ne sait comment l'entendre, si c'est « Ah non, j'ai déjà donné », ou « Bientôt ça se fera ». Le ton de voix est incertain, le rire aussi. En fait, à ce moment de mon histoire je me fiche de la façon dont il faut entendre la phrase, la situation me convient. Claire est jolie, intelligente, drôle, peut-être cette relation me deviendra-t-elle importante, je ne sais pas, je n'y pense pas, je ne ressens pas de manque. Après deux années de travail analytique, je vais, je ne sais dire si « bien » ou « mal » : je vais. Je vais à mon cabinet tous les jours, je vais dans une salle de sport une fois par semaine, au cinéma et au théâtre, au théâtre moins souvent qu'au cinéma, je vais en Grèce ou en Italie pendant les vacances, en Égypte il y a deux ans, en Guadeloupe l'an dernier, les pays de soleil, toujours.

Chaque été, quels que soient mes autres projets, je vais dans le midi passer quinze jours avec mon père.

Mon père est âgé maintenant, il vit là-bas, à Gémenos près d'Aubagne, dans la maison où vivait son père et où nous allions lorsque j'étais enfant. Ainsi se succèdent les générations, dans la répétition, doucement, à petit bruit. À son tour il aime la Provence, la douceur du climat, son jardin. À son tour il fait la sieste l'après-midi dans sa chambre à l'ombre des persiennes et, le soir venu, il dîne sur sa terrasse, tout pareil maintenant que son père à son âge. La différence est que lui, il était jeune quand il a voulu s'installer là, il travaillait. Pas de sieste, il partait le matin, et pour toute la journée souvent, il allait à Aubagne où il était enseignant. Mon grand-père vivait encore. C'était peu de temps après le départ de ma mère. Il a voulu cela, mon père, s'installer là. Il a demandé sa mutation dans le lycée d'Aubagne et il l'a obtenue : « Je ne supporte plus Paris, disait-il, et puis pour Jean, ce sera bien, le grand air, la campagne. » Sa décision a étonné.

En fait je crois qu'il attendait Maman, que pour lui c'était comme si l'attendre là d'où elle était partie la ferait plus facilement revenir. Oui, elle reviendrait là d'où elle était partie, et alors ce serait comme si elle n'était pas partie, comme si rien ne s'était passé. Parfois je pense cela, d'autres fois non, je me suis souvent demandé : cette décision soudaine le coupait de ses habitudes, de ses collègues et de la plupart de ses amis, il l'avait prise pourtant... Je ne sais pas, c'est si compliqué, si mystérieux parfois ce qui fait agir. J'ai repensé aussi à ce conseil qu'il me donnait : « Si, au cours d'une promenade, dans une foule ou dans une forêt, tu perds tes amis, tu ne les vois plus, tu as peur, alors il faut rester là où tu es sous peine de te perdre et de les perdre définitivement. Ainsi, revenant sur leur pas, tes amis te retrouvent. » Mon père, perdu sans elle, attendait.

Moi, quand on a déménagé pour Gémenos, je crois me souvenir que d'abord j'ai pleuré parce que je quittais mes copains parisiens, ma chambre, mon école, la boulangère du coin de la rue, si belle, qui me donnait toujours un bonbon quand nous allions chercher le pain. (Avait-elle appris l'abandon où nous avait laissés maman ?). Et puis à Gémenos, je me suis fait d'autres amis, je suis allé à l'école du village et j'ai trouvé les avantages qu'il y a pour un petit garçon à vivre là. Il y avait les promenades dans la colline avec mon père, la piscine aux beaux jours, la bicyclette, les animaux, mon grand-père qui maintenant me gardait plutôt que la nounou de Paris que je n'aimais pas. Il y avait aussi le jardin, la balançoire, et sous les groseilliers il y avait encore Louise, cette petite inventée, cette petite fille à qui je parlais et qui n'était pas là.

Le temps a passé, j'ai grandi. Et puis mon grand-père est mort, j'avais neuf ans. Je ne me souviens plus avoir eu du chagrin, sans doute en ai-je eu, ou bien le départ de ma mère avait-il été si violent que toute peine à côté n'était rien… je ne sais pas.

Dès lors et pendant deux années, une dame du village est venue me prendre à la sortie de l'école : « Une amie de mon enfance » m'avait dit mon père. Elle s'occupait de moi, le goûter, les leçons, les devoirs. Elle s'appelait Françoise, elle était ronde et tranquille, je l'aimais bien. À onze ans je suis entré au collège, à Aubagne. Ce fut un jour important : je n'étais plus un « petit ». Tous les matins, mon père et moi nous partions ensemble, je m'asseyais à ses côtés dans la voiture, parfois encore ensommeillé mais tout propre, bien peigné et mon cartable sur les genoux. Il me disait « Fiston, nous allons à nos cours ! », il me déposait au collège, lui continuait jusqu'au lycée.

Après huit lettres, toujours envoyées de pays différents, ma mère n'a plus donné de nouvelles.

Maintenant, lorsque je suis à Gémenos avec mon père, nous ne parlons jamais d'elle. D'un accord tacite, très vite nous ne l'avons plus jamais évoquée. Cet accord nous lie d'un lien tendre comme si, dans son absence, cette femme nous rassemblait. Nous avons ensemble des moments paisibles, et même joyeux, souvent. Là-bas je me repose, je me promène, je lis. L'après-midi, chaque jour, quand mon père fait la sieste, je quitte la maison. D'abord, et avant tout autre balade, je descends la route étroite et caillouteuse qui serpente entre les propriétés. Je sais où je vais : en bas, vers le village, dans le pré qui jouxte le domaine de l'Hôtel du Parc, l'âne est là. Ce ne peut être le même qu'il y a trente-cinq ans mais c'est un âne gris aux yeux humides qui lui ressemble.

Pour lui j'ai dans mes poches une pomme et un morceau de pain sec.

Ces après-midi de pleine chaleur, les humains ont disparu de la terre, le soleil plaque le monde au sol, le dévore. Je suis seul. Silence. J'écoute. D'abord c'est imperceptible, et puis de plus en plus fort, partout dans la campagne mon enfance bruisse à mes oreilles. Je respire, à pleins poumons l'air tiède, l'odeur des figuiers, des lavandes, peu à peu une quête s'impose à moi, me mène. Là, endormi depuis toutes ces années, quelque chose m'attend, quelque chose de moi resté, et qui me manque. Chercher. Des traces. Vérifier : la pierre émoussée sur laquelle on grimpait, une lettre gravée dans l'écorce d'un pin, l'odeur puissante émanant d'un jardin entouré de murs, on passait là chaque jour, on ne voyait pas le jasmin mais il embaumait. Ablation du temps qui nous sépare de l'« autrefois » : des signes, même minuscules, opèrent. C'est sûr des choses perdues sont là, qui auraient glissé dans la mousse ou entre deux pierres. Le petit canif rouge imitation suisse, je l'avais égaré jadis… je l'aimais tant, j'en avais pleuré.

– On ira le chercher tout à l'heure ensemble, ne t'éloigne pas Jean, après le tournant c'est interdit tu sais ? In-ter-dit ! Viens vite mon amour, viens, c'est l'heure du goûter.

Je l'entends, c'est venu comme se pose un oiseau, je l'entends et je comprends alors ce que je viens retrouver ici : sa voix pour toujours en moi. Gardée.

La voix de ma mère. Appuyé à un arbre, je me concentre. Je veux encore. Elle chantait, elle prenait des cours de chant lyrique, très beau timbre disait-on. Je me souviens des airs d'Arie Antiche ou de certaines mélodies de Gabriel Fauré. Je la revois debout devant le piano, partition ouverte, vérifiant parfois d'un doigt sur les touches la justesse d'un son. Je me concentre, j'espère, j'attends. Mais de sa voix de mezzo soprano, rien ne me viendra, elle m'échappe, elle s'enfonce au contraire comme corps lesté dans l'eau. Je revois Maman chantant mais son chant me fuit.

Quand je remonte le chemin vers la maison, est-ce par métaphore ? La pente me semble rude. J'en souris. Et ces jours-là il n'est pas rare que moi, Jean, trente-neuf ans, médecin, installé, bientôt les premiers cheveux blancs, je demande à ce père fatigué qu'il me parle encore une fois du temps de Jean enfant. Alors, un peu las, peut-être inquiet de ma demande (parce que quand même, ce fils, trente-neuf ans, encore célibataire, et trop de nostalgie, ce n'est pas normal…!) ou bien un peu ému de devoir convoquer ces souvenirs d'« avant », assis sur la terrasse à l'ombre de l'auvent, mon père parle. Sans jamais nommer sa femme il parle de moi lorsque j'avais quatre et puis cinq ans. Il dit la balançoire, le vélo les jeux, les petits amis du village qui venaient goûter à la maison. Il les nomme, il se souvient. « Celui-là vit encore près d'ici, dit-il, tu pourrais bien le contacter ! » Il se souvient comme nous allions pique-niquer à Saint-Pons, et comme il faisait beau, et comme c'était joyeux. Il raconte quelques faits que j'avais oubliés, drôles ou valorisants pour l'enfant que j'étais, des choses comme on en raconte dans toutes les familles. Ainsi, sans la nommer, il ravive le temps où maman nous aimait. Je l'écoute, avide.

Nous sommes là tous les deux, sur la terrasse, devant une citronnade ou un verre d'orgeat. Le soleil décline doucement. Nous sommes là tous les deux, « encore tous les deux », me dis-je, et une angoisse m'empoigne, je balaie l'idée qui me traverse qu'un jour il n'y sera plus.

Tout comme sa voix, peu à peu j'oubliais le visage de ma mère, il me quittait. J'avais d'elle une photo que j'aimais particulièrement, peut-être parce qu'elle m'y tenait dans ses bras. Unité dense, impénétrable, nous deux serrés l'un contre l'autre à tout jamais. Cette photo je l'ai emportée dans mes diverses habitations, je la posais toujours là où facilement je pouvais la voir, d'où elle aussi pourrait me voir, pensais-je. Je regardais ce visage, je le scrutais comme s'il détenait l'inconnu, comme si, par lui, je pouvais enfin arriver à la vérité sur elle. Elle y sourit, pourtant son air est indéfinissable, à la fois un air de tristesse et de défi. Ces deux sentiments semblent l'habiter tout entière, la porter même. Ils la portent, oui, j'en étais sûr, elle, cette très jeune femme, ils l'avaient portée jusqu'à ce jour du cliché, jusqu'à moi dans ses bras. Nous deux seuls au monde.

À vingt-sept ans, lorsque j'ai obtenu mon doctorat, je suis resté à Paris. J'ai d'abord travaillé comme interne à l'hôpital Bichat, puis j'ai ouvert un cabinet avec deux confrères dans le XXe arrondissement. À trente-neuf ans j'y suis encore. J'ai de nombreux patients, j'aime ce que je fais, j'aime le quartier, les gens. Je prends peu de vacances mais chaque week-end je joue au tennis et parfois, lorsque j'ai du temps, je tiens la basse dans un groupe de musiciens folk que je connais depuis dix ans. Je semble heureux. Oui, heureux, rien à dire, pas malheureux en tout cas.

Un soir, chez des amis, elle est là.

Médecin elle aussi, gériatre. L'idée me traverse de cet écart entre la vieillesse et sa beauté. Elle porte une robe claire, elle a la peau très pâle, et, ce qui éclate là-dessus, c'est le fard des lèvres comme une blessure, d'un rouge sang, à quelques millimètres d'un grain de beauté. Je vais vers elle :

« Je crois qu'on s'est connus enfants, il y a trente-quatre ans. »

Je lui dis ça d'un coup, sans réfléchir ni autrement me présenter. Elle me regarde étonnée et rit, moqueuse, elle me demande ce que j'ai fait depuis. Elle, elle a eu le temps d'avoir un enfant, un chat et successivement deux maris. Plus tard dans la soirée, elle me dit, mais est-ce vraiment nécessaire, qu'elle n'a jamais trouvé un homme qui la retienne. Elle dit : Qui me tienne lieu de l'amour. Je pense que c'est beau cette façon qu'elle a de nommer l'impossible.

– Deux maris c'est beaucoup !

Elle dit cela d'un ton léger, amusé, elle joue d'un doigt avec les boucles noires de ses cheveux, mais quelque chose passe dans son regard, une ombre, une souffrance. Elle boit, elle rit, elle parle, je l'écoute. Oui elle s'appelle Louise, en fait Marie-Louise précise-t-elle, mais, depuis l'adolescence, c'est de ce seul deuxième prénom qu'on la nomme. Ce « depuis l'adolescence » me glace. Ça s'effondre en moi, l'autre, la vraie, la petite, n'avait pas ce double prénom.

Nous sommes quatre à l'écouter. Quatre hommes. Avec moi elle garde ce ton un peu moqueur pour me demander à quoi je m'intéresse hors la médecine. Ce que je lui réponds à l'air de la décevoir. Elle, dit-elle, est politisée, écologiste et heureuse de la percée des Verts aux élections européennes. Elle en parle avec bonheur, elle sourit, je regarde sa bouche, la clarté humide des dents, le grain de beauté, je pense que je suis prêt à adhérer demain. Elle dit qu'elle s'inquiète de la multiplication des produits chimiques dans l'alimentation.

… Sa bouche, la clarté humide des dents, le grain de beauté.

Un des hommes présents, bel homme que je déteste immédiatement, parle du réchauffement climatique.

– Oui, il est temps d'agir, grand temps, dit-elle. Elle lui sourit, je souffre.

– Et vous, me demande-t-elle, qu'en pensez-vous ?

Nous parlons. Je connais moi aussi le sujet et cette fois je semble l'intéresser. Mais ce qui me captive est tout autre : je la regarde, j'observe son visage, je ne peux en détacher mon regard. Je scrute, je cherche les traits de la petite fille de Gémenos. Je voudrais, il me semble les reconnaitre, de toutes mes forces je le voudrais. Je détaille ses yeux, son nez, sa bouche, et ce grain de beauté : ce grain de beauté, c'est la nuit de mon histoire. Je demande à la revoir le lendemain. Elle accepte. Je ne dors pas de la nuit.

Le lendemain nous marchons dans des rues. Ce quartier m'est familier, pourtant je ne saurais dire quelles rues nous avons prises. Depuis la place Maubert où elle habite et où je suis venu la chercher, seule s'inscrit une succession d'images : une brocante, des magasins, des couleurs, du bruit, des voitures, du monde. Nous descendons vers le fleuve. Je suis là, à ses côtés, et cette fois j'ose à peine la regarder. Parce que j'ai peur, de ne pas reconnaitre, que rien de son visage n'évoque plus le passé. Marie, Louise, son prénom d'enfance, double pour elle, simple pour moi, est-ce la marque d'un leurre ? Impérieux besoin de savoir si c'est elle, besoin que ce soit elle, l'enfant de mon souvenir. Un espoir comme si soudain ma vie en dépendait. Et, tandis que nous allons côte à côte, silencieux, moi ému et elle un peu gênée sans doute par cette gravité qu'elle sent et qui la concerne, ce besoin que j'ai glisse insidieusement vers autre chose qui me déchire, un fantasme une folie : Louise, retrouvée c'est croire à l'impossible, c'est revenir là-bas : la fête s'assoupissait, la chaleur est tombée, seules les choses qui s'en sont imprégnées tout le jour restent tièdes, les dalles de pierre, les murs, la rambarde de bois… il y a de la musique, de nombreux invités, un chien blanc. Reprendre là, au moment où l'histoire s'est brisée, ou plutôt juste avant et qu'autre chose arrive que ce qui a suivi. À la croisée des chemins l'autre chemin, oui je veux, j'ai cinq ans, une soirée banale chez des gens aisés, avec des enfants, sur une terrasse dans un jardin. Et que nous rentrions après, oh Maman s'il te plaît, tous les trois dans notre maison.

Ils étaient partis, ma mère et cet homme étaient partis sans qu'on puisse dire exactement quand, ça m'a accompagné dans mes amours, ça les a assombries comme si à tout moment tout pouvait disparaître. Sabré l'amour, pour moi la pleine confiance longtemps fut impossible. La fête s'assoupissait, la chaleur est tombée, seules les choses qui s'en sont imprégnées tout le jour restent tièdes, les dalles de pierre, les murs, la rambarde de bois qui limite la terrasse. Il y a de la musique encore au salon mais plus personne ne danse. La porte-fenêtre est grande ouverte, les invités vont du salon à la terrasse, s'éparpillent, déambulent lentement un verre à la main, fument, bavardent devant le jardin englouti dans la nuit. Il y a le brouhaha feutré des voix, avec l'éclat d'un rire par moment. Et puis il y a ce bruit de pas sur l'allée cailloutée. Les cailloux étaient blancs, petits, crissaient, il y a la clarté furtive d'une robe qui se glisse entre les convives. Ça avait été ça, un très court moment, un bruit, une image, une impression presque, quelque chose dont on n'est pas sûr après coup que ça ait eu lieu, que ça ait eu lieu comme on le dit, que ça ait vraiment eu lieu. Une souffrance fulgurante, un coup d'épée.

Les images lancinantes, les souvenirs obsédants ne s'arrêtent-ils jamais ? Nous sommes rue des Fossés-Saint-Bernard, à droite l'université, plus loin l'Institut du monde arabe, il fait beau, j'ai 39 ans, je suis là, à Paris, avec cette jeune femme : je me passe la main sur le front, sur les yeux, je me reprends, je suis stupéfait de découvrir en moi cette détresse dont je croyais m'être défait.

Nous marchons, je regarde Louise, et maintenant j'explique et je questionne. Je lui demande si c'est elle, la petite, si elle a vécu quelque temps là où j'habitais avec mes parents, ou bien si ses parents y avaient des amis chez qui elle serait allée. En été, il y a des années, à Gémenos, près d'Aubagne, un village, en face de la Sainte-Baume. Je décris, je détaille la beauté du lieu, j'insiste, se souvient-elle y être allée? Je dis : «Oh, pas longtemps» comme si peu de temps entraînait plus facilement une réponse positive. Je l'observe à la dérobée, en quête du moindre signe, je suis suspendu.

– Oui, dis-je, juste quelque temps, et même très peu de temps puisque tout de suite, presque…

Je me suis arrêté de marcher, elle aussi. Nous sommes loin du quartier latin maintenant. À quelques mètres de nous le pont Sully, en contrebas la Seine. C'est le début du printemps et les arbres ont déployé du vert entre ciel et terre. Il y a dans l'air comme un frémissement, encore une fois la sève monte dans les plantes, dans les bêtes et les hommes. Nous sommes tout près du muret de pierre qui longe les quais. Louise y a posé une main et se tient immobile, le visage tourné vers le fleuve. Il fait chaud, elle porte un chemisier dont elle a retroussé les manches. À quelques centimètres de moi, son bras est nu, je vois la chaînette d'or très fine à son poignet, la peau jusqu'au coude où s'arrête la manche du chemisier, sur le dessus du bras un léger duvet blondi sous le soleil. Un geste suffirait, je ne fais pas ce geste.

Devant nous les quais sont déserts, des mouettes tournoient au-dessus de l'eau, déchirent l'air de leurs cris. Je lui parle de la terrasse et des bougainvilliers. Je ne lui parle pas du jardin de mon grand père, ni non plus de la petite fille brune que j'y posais près de moi, sous les groseilliers dans ma solitude. À toutes mes questions elle répond « Je ne sais pas », elle ne sait plus, trop petite, si c'est elle alors oui, et elle n'exclut pas l'éventualité dit-elle avec un sourire, c'est ça, elle était trop petite. Elle ne peut pas dire.

– Qui pourrait dire ?

Je la tiens dans mon regard, je sens qu'elle s'esquive, se dérobe, m'évite. Une péniche passe, lente et silencieuse. Je répète :

– Qui pourrait dire ?

Elle relève d'un geste une mèche de ses cheveux, ses yeux fuient, sa voix se brise. Je remarque que sa main tremble :

– Personne ne peut plus dire, mes parents sont morts. Un accident de voiture. Puis après un silence : Avec mon fils. Plus personne.

Un instant je ne veux pas comprendre, et puis je comprends ce qu'elle dit : Que son fils est mort.

Alors j'entends : Je n'ai plus personne.

Je dis : Je suis là. Je la prends dans mes bras.

Dès lors nous nous voyons souvent, je la prends dans mes bras, chaque fois encore et encore, mais : cet embrassement dont j'avais tant rêvé, que je ne cessais d'espérer depuis que je pensais avoir sans doute retrouvé Louise, voici que, alors qu'il avait lieu, seul m'animait une tendresse infinie. Là, debout dans son parfum, le nez dans ses cheveux, je la serrais contre moi sans ressentir ce qui me venait pourtant si naturellement avant elle : je la regardais, je la trouvais belle.

Je ne la désirais pas.

C'était cette femme pourtant, et nulle autre. J'avais quitté Claire, mon amie enseignante, tout ce qui était avant Louise avait été balayé, d'un coup brutal, toutes les autres femmes possibles et tous les souvenirs. Le constat était terrifiant : cet embrassement chaste chaque fois répété, mon corps me trahissait. J'étais là, corps inerte. Elle, elle souriait, me regardait, dans cette image de femme rêvée, semblait attendre.

Et puis un jour elle me questionne. Alors nous parlons. Nous en parlons. Je dis :

– Peut-être est-ce en enfant uniquement que je peux te voir, Louise, t'aimer, te reconnaître ? Que c'est seulement comme ça, en tes quatre ans ?

Je lui caresse les cheveux.

– Je ne sais pas si je suis cette petite fille, répond-elle et toi non plus tu ne le sais pas.

La voix est douce mais la phrase cingle, pénètre, me cloue à la question.

Savoir qui est Louise. Oui, bien sûr, l'impuissance est là, dans le doute. Qui qu'elle soit je pourrais aimer cette femme c'est certain, faire l'amour avec elle si elle me venait sans ce questionnement qui la double d'un fantôme. Donner cette cause à ma déficience me rassure.

À nouveau je regarde Louise, je sonde ses traits, ses yeux. Est-elle cette enfant vue un soir et puis rêvée dans ma souffrance de petit garçon ? Dans ma vie cette sorte de miracle? Je l'ignore. Par vagues, cette ignorance ravive l'ignorance douloureuse où je suis au sujet de ma mère, les deux se confondent et m'étouffent. Tout tangue sous moi, je vis sur des suppositions. Moi, médecin, responsable, reconnu, apprécié, je vacille. La souffrance a resurgi. « Louise, rappelle-toi si c'est toi, rappelle-toi les bougainvilliers, j'ai besoin de certitudes. »

Deux années d'analyse n'ont pas suffi. Je me revois, sortant de chez le docteur X, je me revois dans l'ascenseur, dans le miroir qui s'y trouvait, mon visage souvent dévasté, mon corps en désarroi, et mon esprit resté là-bas dans les chemins creux, dans les orties, les épines. Et puis je revois un jour radieux, un jour émerveillé par la rue, le soleil, les passants qui me semblent sourire à mon avenir, et moi entrant dans ce jour-là, marchant émerveillé. J'entends encore mon analyste :

– Vous avez raison, il n'y aura pas d'autres séances, allez…

Ite missa est, Allez en paix.

Mais quelque chose restait, lové en moi, prêt à mordre. C'est sa faute !

– Je veux savoir Louise, c'est ta faute, secoue-toi, tu ne fais pas l'effort, était-ce toi, réfléchis, dis-moi, ton père absent, ta mère fâchée, seule, triste, un drame, des pleurs…

Et voici que je la bouscule, je la tourmente à la mesure de mon propre tourment. Je me fâche, je sens sourdre en moi une violence ignorée.

– Tu dois te souvenir, tu le dois ! Tu me le dois.

Le mélo, le pathos absolu, je suis risible mais la souffrance m'emporte dans son flux, m'empêche de me reprendre, de m'arrêter. Louise est parfaite, si forte, tellement plus forte que moi, elle ne rit pas, elle parle. Elle me parle longuement, de son enfance, elle me dit que sans doute elle n'est pas la petite fille de ce soir-là, que ses parents s'aimaient, qu'ils s'étaient mariés très jeunes et contre l'avis de tous, que jamais son père ne serait parti.

Elle parle en me regardant, souriante, tranquille. Elle dit : heureux, les mêmes goûts, les voyages, les sorties, les belles voitures.

Au mot « voitures », elle baisse les yeux, sa voix se brouille, je pense à l'accident, à la mort de son fils, je l'embrasse. Pourtant je force, j'interroge encore, je ne peux m'empêcher d'insister. Elle se tend, se crispe, se fâche : Non, elle n'a pas le souvenir d'une absence douloureuse de son père, d'un drame. Son père, oui, s'absentait pour son travail, parfois assez longtemps, elle ne sait plus très bien quel était son travail, il en avait changé plusieurs fois, peut-être représentant dit-elle, oui je crois qu'à un moment il représentait l'entreprise de son beau-père. Alors il voyageait, parfois il restait plusieurs jours loin de la maison. Mais rien d'autre, pas de drame, rien, et puis tu m'embêtes à la fin ça suffit !

Elle part, rentre chez elle, parfois elle claque la porte, parfois : Je rêve d'être la petite fille dont tu gardes si intensément le souvenir, et en même temps, être elle c'est n'être rien qu'un fantasme, une image d'un soir. Elle n'a existé qu'un soir, si lointain, si flou. Sa force c'est ta douleur !

D'autres fois encore, épuisée, vaincue, elle est tentée de dire que peut-être oui, elle croit, elle croit se souvenir, et d'ailleurs c'est vrai qu'elle… que parfois, des images, cette maison, un bassin avec des poissons rouges, des bougainvilliers. Mais c'est fugace, comment savoir, être sûre, je lui ai tant parlé déjà, je désire tellement, elle voit dans mes yeux, dans tout mon visage, le désir que j'ai que ce soit elle. Elle a peur de ne pas être celle-là que je veux.

Elle dit : Je ne suis pas sûre d'être cette petite fille de jadis, mais qu'importe. Elle m'embrasse.

Parfois elle pense à ne plus me voir, définitivement. De plus en plus souvent elle y pense, elle me le dit.

Et puis un jour :

– Je veux un chien, annonce-t-elle, comme quand j'étais petite.

Il y a un silence, et nous nous regardons. Quelque chose passe, un souffle, un vent du souvenir, ça bruisse, ça tangue, ça s'agite en nous, et enfin, d'une voix qui tremble un peu, je pose la question :

– Ah, tu avais un chien ?

– Oui un grand chien blanc, il s'appelait Hugo.

Ainsi l'aube. Tout devenait lumière. Pourtant, étrangement, le désir restait absent.

III

Jean

Aujourd'hui une femme est venue à mon cabinet, assez âgée, grande, élégante, vêtue de sombre. Plusieurs patients étaient assis dans la salle d'attente. Lorsque j'ai entrouvert la porte elle s'est levée, s'est approchée de moi :

– Dr Jean Boisset ? m'a-t-elle demandé. Puis : Je suis une ancienne amie de votre mère.

Je l'ai reçue immédiatement. J'étais très ému. J'espérais : peut-être allait-elle me parler de celle qui avait existé avant de m'enfanter et dont je savais si peu, ou mieux encore, peut-être avait-elle des nouvelles de Maman. Or elle a refusé de s'asseoir, tout de suite elle m'a dit :

– Pardonnez-moi.

Puis, comme si elle voyait en moi :

– Je comprends que vous ayez envie d'entendre parler d'elle, mais je ne peux pas.

Elle m'a souri et d'un geste brusque, comme avec la hâte de s'en défaire elle m'a remis une grosse enveloppe : à l'intérieur plusieurs feuillets d'une écriture serrée.

– Tout est là, m'a-t-elle dit, et ça vous revient. Il faut toujours que les choses soient dites : pour vivre. La vérité !

Il y a eu un silence, j'ai eu froid tout à coup. Je ne sais pourquoi je n'osais pas la regarder.

– J'ai écrit ces pages à un moment où je tenais une sorte de journal « un peu rétrospectif », a-t-elle précisé dans un petit rire qui m'a surpris.

Au moment de nous séparer, elle m'a serré la main puis la retenant quelques instants dans la sienne : Nous étions jeunes et nous étions tous amoureux d'Anne.

Elle a ajouté : Je voulais vous voir.

Elle a souri : Vous lui ressemblez.

La porte s'est refermée sur elle avec un petit bruit.

À peine m'étais-je rendu compte qu'elle était sortie, j'étais là resté, immobile près de mon bureau, l'enveloppe dans les mains. Je tremblais un peu, j'ai posé l'enveloppe sur le bureau, je me suis assis, et je l'ai ouverte.

Journal de l'amie

« Anne s'est mariée en 1971, en juillet, le 19 juillet exactement. Elle avait vingt et un ans. J'étais présente et je me souviens parfaitement. Il faisait très chaud. La fête avait lieu dans la maison de son beau-père, j'avais eu du mal à la trouver. Elle était en retrait du village, dans les collines. "Boisset, route du Jas de la lebre". Sur le chemin, j'avais longé d'imposantes propriétés. Derrière des murs des chiens aboyaient, je pressais le pas. Mon sac à dos pesait sur mes épaules. À un tournant de la route, sur le bas-côté, il y a une fontaine et je m'y étais arrêtée un moment. À perte de vue, personne. L'eau s'écoulait à petit bruit, inlassable, fidèle mais sans témoins. Le monde m'avait semblé désert, terriblement vide. J'imaginais soudain que derrière les murs les maisons étaient abandonnées, leurs habitants enfuis ou morts peut-être, et que seuls les chiens restaient, aboyant, affamés, ensauvagés. Une angoisse sourdait en moi, et cette question : ce mariage était-il vraiment une fête comme Anne l'affirmait ?

J'avais marché, longtemps, midi approchait. Et puis tout à coup, ç'avait été là : un grand portail à demi ouvert. Une table était dressée au milieu d'un jardin, sous une large toile blanche tendue pour la protéger du soleil. Au-dessus de la toile le ciel était uniformément bleu, d'un bleu cru, qui blessait le regard. Au fond, on voyait la maison, de style provençal. Il y avait dans ce jardin une trentaine d'invités, debout ou déjà à table. Les parents d'Anne étaient parmi eux je le savais, ils étaient venus de Bordeaux, son père et sa mère seuls, sans aucun autre membre de leur famille. Je ne les connaissais pas. Je ne les ai pas cherchés. À part Anne, je ne connaissais personne.

Anne m'a accueillie, elle s'est avancée vers moi, d'un pas un peu plus lourd, un peu plus lent peut-être que son pas habituel. Oui, cet enfant, on le devinait déjà sous la robe. Anne était enceinte, elle me l'avait dit mais le constater m'a fait mal. Je me suis souvenue de son désespoir, et comme elle pleurait, inconsolable, et parlait de mourir parce que Gilles ne voulait plus d'elle. Elle m'avait dit qu'elle était enceinte de Gilles, tout de suite, dès qu'elle l'avait su, à Paris elle me l'avait dit. Et puis plus tard, de Bordeaux, au téléphone, d'une voix ferme : "Cet enfant, je le garde".

Là, dans ce jardin, parmi tous ces gens, elle semblait sereine, elle souriait. Elle m'a embrassée, elle m'a présenté son mari puis désigné ma place. Au déjeuner j'ai parlé avec mes voisins, poliment de choses insignifiantes.

J'étais venue pour elle et à sa demande, mais très vite elle n'a plus semblé s'en souvenir. La tristesse était là. Dès que j'ai pu, je me suis éloignée du groupe d'invités. Je me souviens qu'appuyée contre un arbre je les ai regardés, longtemps. La lumière ruisselait sur eux, incandescente, l'air était étouffant, immobile. Étrangement, pendant un moment, ces gens m'ont semblé, eux aussi, presque tous immobiles, comme arrêtés, posés dans cette verdure. Peu de gestes, peu de mouvements. Seule silhouette animée, le maître de maison passait, plateau en main et proposait à boire. J'ai pensé que certains commençaient sans s'en rendre compte, malgré le plaisir d'être là, du vin, de la fête, commençaient peut-être à rêver d'ombre, de salons tranquilles, de silence. C'était mon cas. J'ai pensé aussi que parfois, lorsque le moment est grave, l'essentiel de ce qu'on regarde se fige. Temps suspendu.

Elle était debout près de la table.

C'est l'image que je garde d'elle : Anne est debout près de la table. La main posée sur le dossier d'une chaise, elle regarde loin devant elle quelque chose qu'on ne voit pas. Elle semble ne pas être consciente d'être au centre de la fête, que c'est là son mariage. Elle est très belle.

Du mot "mariage" d'ailleurs elle ne voulait pas. Elle refusait qu'on prononce ce mot-là. Elle avait dit à nos amis : Je m'absente une quinzaine de jours, elle avait ajouté : Je vais à une fête. À moi, elle m'avait dit : Viens, j'ai besoin que tu sois là.

Oui, elle avait parlé de fête, sans préciser. Et si on lui demandait pourquoi dans le midi de la France, qui l'y avait invitée et à quelle occasion, elle se braquait, d'un geste de la main éludait, prenait l'air excédé comme si c'était une question idiote, inopportune. Elle écartait promptement la question d'un petit claquement de la langue contre le palais, comme on le fait pour dénoncer une bêtise ou balayer une idée sans importance. Et si on insistait, elle finissait par lâcher : "Des amis!", d'un air moqueur, goguenard. C'est qu'elle était fière, irascible, se mettait en colère quelquefois sans raison apparente. Étonnait.

Je ne la connaissais pas depuis très longtemps. À Paris, nous n'habitions pas le même quartier, nous ne venions pas du même lycée. Après le baccalauréat elle s'était inscrite à la Sorbonne, en lettres. C'est là que je l'avais connue. Elle était en première année avec moi, nous avions dix-neuf ans. On la remarquait parce qu'elle était belle, c'était aussi une étudiante brillante. Anne était de ces personnes qui attirent, presque fascinent, retiennent. De l'humour, de la dérision pour tout et pour elle-même, de l'audace souvent, envers les professeurs de l'insolence parfois, mais surtout, ce qui la caractérisait, c'était une alternance de joie et de tristesse profonde, on s'y laisse prendre. Moi, j'étais une étudiante sérieuse, appliquée, j'étais laborieuse, les yeux rivés à l'étude comme à ce qui protège. Elle, se précipitait en tout et parfois dans le pire avec l'ignorance à chaque instant de ce qu'il adviendrait. C'est cette différence peut-être qui nous avait fait nous regarder, nous étions devenues amies. La tristesse d'Anne, je voulais la percevoir comme une demande d'aide, sans comprendre que personne ne pouvait y répondre. Nous parlions.

Nous nous aimions aussi, des gestes je me souviens, et de la douceur de son corps. Dans la pénombre de sa chambre, un jour que j'y étais allée parce qu'elle se plaignait de tristesse, elle avait guidé ma main et nous nous étions aimées. Pour moi, avec une fille, c'était la première fois. Après, ça ne m'a plus quitté.

Nous nous retrouvions chez moi, mes parents n'étaient pas là dans la journée. Nous faisions l'amour, nous fumions, nous mangions des friandises en buvant des petits verres d'un alcool dérobé dans le buffet. Nous retrouvions l'enfance des enfants qui font des bêtises. Nous étions des enfants.

Et puis il y avait eu Gilles, son histoire avec Gilles, ensuite sa rupture avec Gilles, un moment terrible. Alors, ses parents avaient déménagé, s'étaient installés à Bordeaux. Pour mon père, pour son travail, avait-elle dit. J'étais allée la voir plusieurs fois, mais ni elle ni moi n'étions assez riches pour prendre souvent des billets de train. Deux ou trois fois j'avais fait le trajet en auto-stop. Nous correspondions, par lettres, par téléphone.

À moi elle disait tout, elle m'avait raconté sa rencontre avec Antoine Boisset, "de passage à Bordeaux pour un séminaire". "Tombé fou amoureux", "Il me veut, moi et l'enfant", "Il est gentil". Je me souviens comme elle pleurait. Je savais donc ce qui aurait lieu là, dans le midi, et pourquoi, et que ce Gilles, cet abandon, ça lui était insupportable. Elle m'avait dit aussi cette affaire pénible à Paris, la police chez elle qui avait fouillé, partout, l'humiliation. "Ils n'ont rien trouvé. Il n'y avait rien à trouver", sa voix tremblait, sa mâchoire se contractait, on y voyait tressaillir un petit muscle et son regard devenait fixe, dur, comme clos à toute autre image que celle qu'elle évoquait. Pourtant ce jour-là, dans ce jardin, elle ne semblait pas tendue, plutôt très calme au contraire, silencieuse. Juste ce qu'il fallait de paroles, d'attention aux autres pour être polie. Comme si tout ce rassemblement des familles, et ce repas à n'en plus finir et cet anneau ce matin à l'église, comme si tout cela ne la concernait pas.

Ils avaient pris des photos, certaines de lui seul avec elle, debout, un peu figés, d'autres de la tablée entière, chacun des invités regardant l'objectif, les plus éloignés tendant le cou, tous simulant, étirant un sourire à l'aune de cet été radieux et de l'événement attendu.

Il faisait chaud, très chaud, être enceinte dans cette chaleur était éprouvant, c'est sûr, et sourire, et parler. Un moment elle avait dû s'asseoir à l'écart, à l'ombre sur un banc, se reposer : un malaise. On avait dû la conduire là, elle était très pâle, on s'était inquiété.

Anne, lui disait son tout nouveau mari en se penchant vers elle, il lui apportait de l'eau fraîche, lui caressait les cheveux.

Après la fête, comme elle nommait ce moment, elle n'avait plus voulu me voir. Ce jour-là, qu'attendait-elle de moi ? Je ne l'ai jamais su. Son mari était enseignant et vivait à Paris. Elle y est retournée.

Je ne suis pas étonnée qu'un autre soir de fête, un autre soir d'été, six ans plus tard elle soit partie comme on s'enfuit. Sans rien dire. Peut-être sans le savoir vraiment elle-même, dans un geste, dans un élan qui l'aurait dépassée, enlevée à elle-même : "Hors d'elle" dirait-on, mais sans colère. Ou bien une colère ignorée, accumulée petitement, sans bruit, depuis cinq ans. Depuis même plus longtemps peut-être, contre ce qui la figeait dans sa vie, dans cette image de jeune femme heureuse si loin de l'image qu'elle avait d'elle-même. Contre peut-être aussi des gens, des choses qu'on ignore et qui l'auraient blessée, des injustices, des souffrances, des querelles, comme il s'en trouve dans toutes les familles.

L'événement, je veux dire sa fuite cinq ans plus tard, je l'ai appris par une amie, Jeanne, avec qui elle était restée en contact, une des seules à qui elle ait écrit. Oh! m'a dit Jeanne, peu de choses, juste une lettre d'Espagne, dans la semaine qui a suivi ce fameux soir. Une lettre brève et sans adresse au dos de l'enveloppe, je n'ai même pas pu lui répondre. Apprendre ça ne m'a pas surprise, non, ça ressemblait à Anne, fragile, tour à tour gaie puis triste, impulsive, déroutante, un peu folle. Si belle aussi il faut comprendre, elle vivait sa vie comme un roman, il ne pouvait lui arriver que de l'extraordinaire… ça ne pouvait pas s'arrêter là et pour toujours, à cet homme gentil, à cet enfant qu'elle aimait sans doute mais dont Gilles n'avait pas voulu.

Il n'y a pas eu d'autres lettres, d'autres nouvelles. Moi, je suis sûre qu'elle pensait revenir. Elle avait dû penser ça, revenir avec Gilles, un peu plus tard, gommer, oublier tout, et faire comme si rien n'était advenu dans sa vie que cet amour-là, et surtout pas ce mariage avec un autre. Ils auraient repris l'enfant, elle et lui dans le même élan que celui qui l'avait fait partir elle, ils seraient revenus pour aimer l'enfant et le reprendre, et l'emporter avec eux. Et lui, Gilles, l'aurait fait sien, enfin. Ainsi le vrai, le juste, avait-elle dû penser, oui je suis sûre qu'elle a pensé cela, le vrai le juste auraient été là, rétablis. Elle était folle.

Et voyez comme je rêve, comme je pense à sa place, comme je rêve pour elle, comme je rêve d'elle. Depuis toujours, tous et toutes, elle nous faisait rêver. »

IV

Un invité

« Venez, j'organise une fête ! » Un ami avait loué une villa en Provence et nous y avait invités. C'était l'été 1976. De cet été et de cette fête je me souviendrai toujours, de cette femme si belle, de son mari, du drame.

À leur arrivée nous étions dans le jardin. La chaleur était tombée, il faisait très doux. Sur la pelouse il y avait des enfants qui jouaient avec un chien. C'était un joli spectacle, ma femme et moi nous les regardions. Quand le couple s'est avancé sur la terrasse, je ne sais pas pourquoi je me suis retourné et j'ai vu l'homme. Un homme grand, vêtu de blanc. Il est allé jusqu'à la balustrade qui sépare la terrasse du jardin, s'y est appuyé, et a regardé lui aussi vers l'endroit où jouaient les enfants. Je n'ai pas remarqué tout de suite la femme parce qu'elle se tenait un peu en retrait. C'est lorsque son mari s'est tourné vers elle, lui a pris la main et l'a menée vers la balustrade, qu'elle m'est apparue dans le plein jour. Alors j'ai vu qu'elle était belle. Peut-être est-ce par déformation professionnelle, le souvenir que j'ai de cette femme s'est figé comme une photographie. Noir et blanc. Une robe claire, des cheveux très sombres, soyeux, un teint pâle, des yeux magnifiques. Tout en elle était lumineux. En fait, ils formaient un couple différent des autres couples, ils étaient à la fois plus simples et plus élégants, je n'ai pas pu m'empêcher de les observer un moment. Ni elle ni son mari ne semblaient bien connaître nos hôtes : « Des voisins, m'a dit Jacques, lui, Antoine Boisset est enseignant, à Paris, il vient à Gémenos chez son père chaque été. Nous nous sommes rencontrés sur le court de tennis. Elle, ne joue pas, mais cette année souvent elle accompagne son mari et elle reste là avec son fils, elle lui parle ou elle lit. »

Le lendemain, quand on nous a appris que cette femme s'était enfuie avec un invité, le souvenir du couple sur la terrasse s'est imposé à moi : les deux unis, elle si belle, et le mari, solide, tranquille, dans l'ignorance encore de ce qui allait se produire.

C'était arrivé à la fin de la fête. À ce moment, ma femme et moi étions déjà partis. Dans la journée nous marchions beaucoup, nous passions seulement une semaine à Gémenos et nous voulions visiter tout ce qu'il était intéressant de voir dans la région. Ce soir-là, fatigués, nous étions rentrés tôt à notre hôtel.

Un drame, m'a dit Jacques, le mari effondré, dévasté, l'appelait, la cherchait, questionnait tout le monde, dans la maison, dans le parc.

Entendant cela, je ne sais pourquoi j'ai été ému, ces gens étaient pour moi des inconnus, pourtant j'ai été très ému. Je repensais au sourire de l'homme accoudé à la balustrade devant les enfants qui jouaient, à son geste vers sa femme lorsqu'il s'était retourné, à cette façon qu'il avait eue de lui tendre la main.

L'événement avait animé les esprits et généré bien des commentaires. Les jours suivants, les quelques invités de la fête que nous avons croisés décrivaient encore la douleur de l'homme : « Pathétique ! » est le mot qu'ils employaient. De l'autre homme, celui avec qui la femme s'était enfuie, on ne parlait pas, en tous cas je n'ai rien entendu dire. Plus jeune, et lui aussi marié, c'est tout ce que je sais.

Pendant le reste de notre séjour, et même plus tard, j'ai beaucoup pensé à cette soirée. Je ne sais pourquoi, j'avais en tête, toujours, cette image du couple sur la terrasse, puis à la table ou dans le salon. Je tentais de me souvenir, je cherchais des indices, un signe de mésentente entre eux, ou un signe de connivence d'elle avec un autre homme, mais rien dans le comportement de cette femme ne laissait prévoir ce qui s'était produit. Elle était tranquille, souriante, parlant avec les uns et les autres, indifféremment.

Ils avaient un enfant, un petit garçon, tout jeune, cinq ans je crois. C'est ce qu'on m'a dit. Elle les avait laissés, son mari, son enfant, comme ça, sans rien dire. Ce soir-là j'ignorais que je la reverrais.

Cet été 1976, bien que nous ayons fait et vu beaucoup de choses à Gémenos et dans toute la région, rien ne fut plus marquant que cet événement. Pour Jacques et Laura Steinbuc aussi, probablement. La disparition des deux invités, cette chose incompréhensible, imprévisible, folle, puis la douleur bruyante d'Antoine Boisset, avaient marqué la fête d'une note sombre en désaccord avec l'ambiance joyeuse et chic qu'ils avaient voulue.

Car, je me souviens, Jacques voulait le « chic », il était très heureux de nous recevoir, de montrer combien tout était luxueux et confortable dans cette villa louée pour l'été. Il avait pris un air satisfait, même presque condescendant avec moi, pour vanter les lieux. Il m'avait parlé de l'organisation de la fête, précisant qu'ils avaient amené leur bonne : « Elle est parfaite, on ne peut pas se passer d'elle, et puis la chaleur, ça lui rappelle son Portugal ! » Les années et la réussite professionnelle avaient transformé le jeune gauchiste désinvolte et mal coiffé en un quadragénaire à Porsche et montre Cartier. Je le trouvais prétentieux, généreux certes, et gentil, mais trop différent de l'ami qu'il avait été. Je continuais à le voir en souvenir de nos vingt ans, cependant nous avions bien des divergences et il y avait de nombreux sujets que nous évitions d'aborder. Les quelques fois où nous nous sommes revus après ce séjour à Gémenos, nous avons peu parlé de ce qui s'y était passé. Je sais juste que l'homme avec qui madame Boisset s'était enfuie était revenu auprès de sa femme et que la belle enfuie, elle, avait vraiment disparu.

Or cette femme, je l'ai revue.

Je l'ai retrouvée, longtemps après, des années plus tard et bien loin d'ici, en Afrique. Je dis « retrouvée », bien sûr je ne la cherchais pas, c'était purement fortuit et même je l'avais oubliée. Mais je dois dire que la revoir m'a troublé. Elle tenait un restaurant français à Bamako. Assez luxueux. J'y dînais avec un écrivain malien qui venait de publier un livre sur les Dogons. Nous étions allés ensemble à Bandiagara où j'avais pris de nombreuses photos. Je devais écrire un article sur le village et l'auteur, pour une revue à mon retour en France.

Pendant tout le repas nous avions discuté sans trop regarder autour de nous. Je n'ai vu cette femme que lorsqu'elle est passée de table en table et s'est arrêtée près de la nôtre. C'était au moment du café, elle voulait savoir si tout avait été à notre convenance. Hôtesse parfaite, élégante, très « parisienne » comme le voulait l'enseigne *Trocadéro* au-dessus du restaurant. Bien que vieillie, elle était toujours belle. Je n'ai rien dit et elle ne m'a pas reconnu. J'avais changé, vieilli moi aussi bien sûr, de l'embonpoint et un début de calvitie. D'ailleurs sans doute ne m'avait-elle pas remarqué à Gémenos ce soir lointain de la fête, mais moi, je suis sûr que c'était elle.

En 2017, Jean apprit que sa mère était morte en Éthiopie où elle avait contracté une maladie tropicale. Il reçut quelques jours après l'enterrement une lettre de l'ambassade de France d'Addis Abeba. Malgré ses nombreuses recherches et démarches, il demeura dans l'ignorance de ce qu'avait été la vie de sa mère après ce soir où elle s'était enfuie.

Il crut s'étonner en lisant le texte que lui avait remis l'amie d'Anne, mais sans doute savait-il depuis toujours ce qu'il croyait découvrir ce jour-là. Il garda avec sa demi-sœur des liens très forts.

Il retrouva Claire, son amie enseignante avec laquelle il se maria.

Ils eurent une fille qu'ils appelèrent Anne.

Collection "1er mille"

Jérôme d'Astier,
Le Désordre, 2000 ;
Bain de minuit, 2001 ;
Dans une ville étrangère, 2016.

Nathalie Aumont,
Consolation, 2013.

Cécile Beauvoir,
Louise Lullin, 2003 ;
Le Chemisier, 2004 ;
Avec toi, 2005.

Alain Bertrand,
La lumière des polders, 2003.

Christian Birgin,
La mort de Pouchkine, 2000.

Rodolphe Blavy,
Le Pardon, 2015.

Sylvie Bocqui,
Une saison, 2013 ;
Ce genre de fille, 2018.

Olivier Boura,
La Nuit du Rhône, 2001.

Nicolas Cano,
Bacalao, 2010.

Agnès Clancier,
Karina Sokolova, 2014.

Myriam Cohen-Welgryn,
La Petite Dernière, 1999 ;
Mères, 2001.

Philippe Comar,
Les Dunes d'Ambleteuse, 2004.

Geneviève Damas,
Histoire d'un bonheur, 2014.

Kéthévane Davrichewy,
Tout ira bien, 2004.

Céline Debayle,
Baudelaire et Apollonie, 2019.

Jean-François Deniau,
Le Bord des larmes, 2000.

Laura Desprein,
Braise, 2002.

Didier Duprat,
Dernières nouvelles des oubliés, 2004.

Blandine Fauré,
Faune et flore du dedans, 2018.

Christine Féret-Fleury,
Les Vagues sont douces comme des tigres, 1999 ;
L'Évier, 2001 ;
Sept Péchés, 2003.

Maxence Fermine,
Neige, 1999 ;
Le Violon noir, 1999.

Florent Feyrabend,
Le Cocon, 2004.

Philippe Fréling,
Ceinture jaune, 2007.

Xavier Gardette,
Tocqueville à la plage, 2016.

Hélène Gestern,
Eux sur la photo, 2011 ;
La Part du feu, 2013 ;
Portrait d'après blessure, 2014 ;
L'Odeur de la forêt, 2016 ;
Un vertige, 2017 ;
L'eau qui dort, 2018.

Emmanuelle Grangé,
Son absence, 2018 ;
Les Amers remarquables, 2019.

Arnaud Guillon,
Écume Palace, 2000 ;
15 août, 2002.

Béatrice Hammer,
Ce que je sais d'elle, 2006.

Jean-Paul Honoré,
Pontée, 2019.

Philippe Honoré,
L'Obligation du sentiment, 2008.

Anne Kanapitsas,
L'Odeur de la menthe, 2004.

Alexandre Kauffmann,
Mauvais Numéro, 2000 ;
Le Faux-Fuyant, 2003.

Marie-Hortense Lacroix,
Comme une voix lointaine, 2005.

Didier Lahais,
Lettre à Jean, 2002.

Élisabeth Laureau-Daull,
Le Syndrome de glissement, 2012.

Hélène Le Chatelier,
Dernière adresse, 2009.

Pierre Le Coz,
Plein sud, 2001.

Antoine Marcel,
Carnet chinois, 2002.

Jean-François Merle,
Le Grand Écrivain, 2018.

Véronique Merlier,
L'Angle mort, 2012.

Céline Milliat-Baumgartner,
Les Bijoux de pacotille, 2015.

Marc Molk,
Pertes humaines, 2006.

Jean-Claude Mourlevat,
Je voudrais rentrer à la maison, 2002.

Karine Naouri,
Le jeu des Rois, 2000.

Éric Pelsy,
L'Été de Rico, 2003.

Emmanuel Pernoud,
Le Red Boy, 2016.

Robert Pico,
Les Seins de l'Américaine, 2002.

Françoise Pirart,
La nuit de Sala, 2006.

Jean-Marie Planes,
Le Chemin de Macau, 2017 ;
Une vie de soleil, 2019.

Emmanuel Pons,
Je viens de tuer ma femme, 2006 ;
Ma mère à l'origine, 2007.

Laure Protat,
L'indifférent, 2014.

Flore Quaquin,
Racailles, 2003.

Anne Révah,
Manhattan, 2009 ;
Pôles magnétiques, 2012.

Michel Robert,
La Grosse Marfa, 2001.

Philip Rohr,
Vie sauvage, 2003.

Danièle Roth,
La Mouette juive, 2003.

Eliane Saliba Garillon,
Le Journal impubliable de George Pearl, 2015.

Joëlle de Sermet,
La Note rouge, 2005.

Marie Sizun,
Le Père de la petite, 2005 ;
La Femme de l'Allemand, 2007 ;
Jeux croisés, 2008 ;
Plage, 2010 ;
Un léger déplacement, 2012 ;
Un jour par la forêt, 2013 ;
La Maison-guerre, 2015 ;

La Gouvernante suédoise, 2016 ;
Vous n'avez pas vu Violette ?, 2017 ;
Les Sœurs aux yeux bleus, 2019.

Laurence Tardieu,
Comme un père, 2002 ;
Le Jugement de Léa, 2004.

Richard Torrielli,
L'Anesthésiste, 2016.

Frédéric Touchard,
Nu rouge, 2011.

Fabienne Valière,
Morte, 2011.

Anthony van den Bossche
Performance, 2017.

Jean-Daniel Verhaeghe,
Le Jeu de l'absence, 2012.

Christine Vigneron,
Le Cheval de nuit, 2006 ;
Jean est là-bas, 2010 ;
Vous seriez ce garçon, 2015.

Ramy Zein,
Partage de l'infini, 2005 ;
Les Ruines du Ciel, 2008 ;
La Levée des couleurs, 2011.

ACHEVÉ D'IMPRIMER
EN JUIN 2019
SUR LES PRESSES
DE CORLET IMPRIMEUR
À CONDÉ-EN-NORMANDIE
CALVADOS

Numéro d'édition : 1204
Numéro d'impression : 204788
Dépôt légal : septembre 2019
Imprimé en France